Bibliotecarios

Julie Murray

Abdo

TRABAJOS EN MI COMUNIDAD

Kids

abdopublishing.com

Published by Abdo Kids, a division of ABDO, PO Box 398166, Minneapolis, Minnesota 55439.
Copyright © 2016 by Abdo Consulting Group, Inc. International copyrights reserved in all countries.
No part of this book may be reproduced in any form without written permission from the publisher.

Printed in the United States of America, North Mankato, Minnesota.

052015

092015

 THIS BOOK CONTAINS
RECYCLED MATERIALS

Spanish Translator: Maria Puchol

Photo Credits: iStock, Shutterstock, Thinkstock

Production Contributors: Teddy Borth, Jennie Forsberg, Grace Hansen

Design Contributors: Candice Keimig, Dorothy Toth

Library of Congress Control Number: 2015941654

Cataloging-in-Publication Data

Murray, Julie.

[Librarians. Spanish]

 Bibliotecarios / Julie Murray.

   p. cm. -- (Trabajos en mi comunidad)

ISBN 978-1-68080-340-2

Includes index.

1. Librarians--Juvenile literature. 2. Spanish language materials—Juvenile literature.   I. Title.

020.92--dc23

2015941654

Contenido

Bibliotecarios

Los bibliotecarios trabajan
en las bibliotecas.

Ellos se ocupan de los libros.

Ayudan a los niños. Y también ayudan a los adultos.

Ayudan con las computadoras.

Ayudan a encontrar libros.

Josh encuentra un buen libro.

Los bibliotecarios ordenan

los estantes.

Prestan libros. Ellen se lleva
un libro a casa.

16

Los bibliotecarios leen cuentos.
¡A Adam le encanta la hora
de los cuentos!

¿Qué haces tú en la biblioteca?

Los materiales de un bibliotecario

el carrito de libros

el pizarrón interactivo

el lector de código
de barras

la tableta

Glosario

adulto
una persona mayor de edad, por ejemplo un padre, un maestro o un director.

ordenar
organizar cosas para que se puedan encontrar fácilmente.

estantes
repisas delgadas de madera, metal, etc., donde se ponen libros u otros objetos.

Índice

abdokids.com

¡Usa este código para entrar en abdokids.com y tener acceso a juegos, arte, videos y mucho más!

Código Abdo Kids:
MLK9147